BEI GRIN MACHT SICH IH
WISSEN BEZAHLT

- Wir veröffentlichen Ihre Hausarbeit,
  Bachelor- und Masterarbeit

- Ihr eigenes eBook und Buch -
  weltweit in allen wichtigen Shops

- Verdienen Sie an jedem Verkauf

Jetzt bei www.GRIN.com hochladen
und kostenlos publizieren

Bibliografische Information der Deutschen Nationalbibliothek:

Die Deutsche Bibliothek verzeichnet diese Publikation in der Deutschen National-
bibliografie; detaillierte bibliografische Daten sind im Internet über http://dnb.d-
nb.de/ abrufbar.

Impressum:

Copyright © 2008 GRIN Verlag, Open Publishing GmbH
Druck und Bindung: Books on Demand GmbH, Norderstedt Germany
ISBN: 9783640195039

Dieses Buch bei GRIN:

http://www.grin.com/de/e-book/117180/enterprise-application-integration

Heiko Ennen

Enterprise Application Integration

Vorteile und Risiken

GRIN Verlag

GRIN - Your knowledge has value

Der GRIN Verlag publiziert seit 1998 wissenschaftliche Arbeiten von Studenten, Hochschullehrern und anderen Akademikern als eBook und gedrucktes Buch. Die Verlagswebsite www.grin.com ist die ideale Plattform zur Veröffentlichung von Hausarbeiten, Abschlussarbeiten, wissenschaftlichen Aufsätzen, Dissertationen und Fachbüchern.

Besuchen Sie uns im Internet:

http://www.grin.com/

http://www.facebook.com/grincom

http://www.twitter.com/grin_com

Heiko Ennen

Seminararbeit
Betriebswirtschaftliche Standardsoftware und
Enterprise Application Integration (EAI)
(ANS09)

Thema:
Enterprise Application Integration:
Vorteile und Risiken

Seminararbeit an der staatlich anerkannten Fachhochschule Pinneberg der
AKAD. Die Privat-Hochschulen.

Bielefeld, 23.10.2008

Inhaltsverzeichnis

Abbildungsverzeichnis

Tabellenverzeichnis

1. Enterprise Application Integration (EAI)

1.1. Definition

Unter der Bezeichnung EAI werden Ansätze zur Schaffung einer einheitlichen Anwendungsarchitektur unter Einbezug von heterogenen Systemen entwickelt.[1] EAI Produkte ist Software, die verschiedene Anwendungen eines Unternehmens integriert. Der Begriff EAI ist dabei geprägt durch die Integration heterogener Anwendungen und die damit mögliche Kopplung von einzelnen Prozessen zu komplexen Geschäftsprozessen. EAI wird also dazu eingesetzt, um aus einer heterogenen Systemlandschaft ein verteiltes System darzustellen. Dieses verteilte System soll als Ergebnis so ausgelegt werden, dass die Kommunikation der einzelnen Anwendungen über eine oder zumindest wenige Schnittstellen erfolgt.[2]

1.2. Historie von Architekturen

Die Entstehung der heterogenen Unternehmensanwendungen ist in den meisten Fällen historisch gewachsen. So existieren oftmals komplexe Architekturen von IT-Systemen in Unternehmen, die auf Grund der steigenden Anforderungen nach Vernetzung von Prozessen viele Nachteile mit sich bringt. Die Entwicklung von Architekturen betrieblicher Informationssysteme seit Entstehung der Computertechnik zeigt folgende Abbildung:

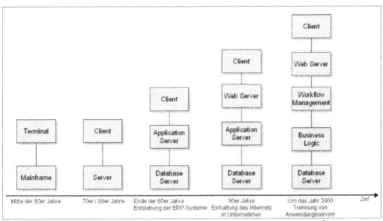

Abbildung 1: Entwicklung von Architekturen betrieblicher Informationssysteme[3]

---

[1] Vgl. Stahlknecht et al (2005), S. 328.
[2] Vgl. Keller (2002), S. 9.
[3] In Anlehnung an: Conrad et al (2006), S. 2.

1.3. Ziele von EAI

EAI hat nun das Ziel in den verschiedenen Architekturen von betrieblichen Infor-
mationssystemen, die Informationsflüsse zu beschleunigen und zu rationalisieren.[4] Es sollen die unterschiedlichen Anwendungen konsolidiert und koordiniert
werden. Damit wird einerseits die Schaffung eines einheitlichen Zugriffs und an-
dererseits eine Konsistenzsicherung der Daten fokussiert.[5] Und mehr noch: EAI
soll die Entwicklung neuer Technologien trotzt heterogener Informationssysteme
ermöglichen. Dafür werden die existierenden Anwendungen für eine neue Stra-
tegie nach ausgerichtet.[6] Um diese Ziele zu erreichen stellt EAI sogenannte
Softwarelösungen bereit. Unter eine EAI-Softwarelösung ist ein Sammelbegriff
von Lösungen zu verstehen, die sämtlich etwas mit der Integration heterogener
Lösungen innerhalb eines Unternehmens zu tun haben. Dabei sind die Lösungen
jedoch stark davon abhängig, welche Art von Architektur bzw. Problem in einem
Unternehmen gelöst werden soll. Selbst diese Lösungen variieren dann noch
stark, obwohl sie alle unter den Begriff EAI-Softwarelösungen fallen.[7]

2. Ansätze von EAI

2.1. Integrationsmodelle

Die angesprochenen Softwarelösungen werden nun unter dem Begriff der Ansätze von EAI weiter vertieft. Doch zuvor auf diese Lösungen eingegangen werden
kann, sind die verschiedenen Architekturebenen für betriebliche Informationssysteme zu erklären:

Geschäftsarchitektur	In dieser Ebene wird die Organisationsstruktur und die Arbeitsabläufe für die Geschäftsregeln und Geschäfts-prozesse definiert
Anwendungsarchitektur	Diese Ebene beschreibt die Implementierung des Ge-schäftskonzepts durch die Unternehmensanwendungen
Technologische Archi-tektur	Hier wird die Informations- und Kommunikationsinfra-struktur realisiert

Tabelle 1: Architekturebenen betrieblicher Informationssysteme[8]

---

[4] Vgl. Keller (2002), S. 11.
[5] Vgl. Conrad et al (2006), S. 6.
[6] Vgl. Gimpeliovskaja (2005).
[7] Vgl. Keller (2002), ebd. S. 11.
[8] Vgl. Conrad et al (2006), ebd. S. 3f.

Anhand dieser Festlegung kann die Integrationsthematik anhand von zwei Arten erläutert werden – der horizontale und der vertikale Integration. Die vertikale Integration verbindet einzelne Prozesse und bildet so komplexe Geschäftsprozesse. Dadurch können Prozessbrüche in der Verarbeitung und Entwicklung eliminiert und der Automatisierungsgrad gesteigert werden. Die horizontale Integration hingegen verbindet verschiedene Anwendungssysteme, die bislang getrennt betrachtet wurden. Damit werden Geschäftsabläufe optimiert und neu erschlossen.[9]

Die zuletzt genannte horizontale Integration erfordert eine tiefere Erklärung, denn hier ist das Ziel eine möglichst effektive Unterstützung der übergreifenden Geschäftsprozesse herzuleiten. Das wiederum erfordert eine mehrstufige Integration auf der horizontaler Ebene:

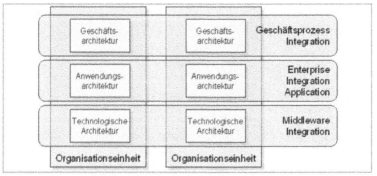

Abbildung 2: Die drei Ebenen der horizontalen Integration[10]

Die Integration auf der Anwendungsebene wird als Enterprise Integration Application bezeichnet. Alle Integrationen auf dieser Ebene sind auf die Aspekte der Heterogenität, der Autonomie und der Verteilung zurückzuführen. Je nach Grad der Autonomie der integrierten Komponenten, Grad der Heterogenität zwischen Komponenten und der Grad der Verteilung treten unterschiedliche Integrationsmodelle auf:[11]

- Datenbankintegration
- Applikations- / Funktionsintegration

---

[9] Vgl. Conrad et al (2006), S. 4.
[10] In Anlehnung an: Conrad et al (2006), ebd. S. 5.
[11] Vgl. Conrad et al (2006), ebd. S. 17.

- Präsentationsintegration

Eine Integration auf der Ebene der Datenbanken erfolgt über sogenannte Middleware-Technologien[12]. Die Informationssysteme werden bezügliche der zugrundeliegenden Datenbanken direkt integriert. Das erlaubt die Möglichkeit über Datenbank Konnektoren[13] direkt auf die Datenbank zuzugreifen.[14] Weiterhin greifen alle beteiligten Applikationen auf ein einheitliches Datenmodell zu. Damit können Redundanzen vermieden werden, wobei die Semantik jedoch für alle beteiligten Applikationen gleich bleibt. Daraus wird klar, dass bei diesem Konzept der Datenaspekt im Mittelpunkt steht. Das Konzept dient so typischerweise dem gemeinsamen Gebrauch und den Abgleich von redundanten Daten zwischen den verschiedenen Anwendungen. Ein entscheidender Vorteil liegt dabei darin, dass vorhandene Datenbanksysteme nicht modifiziert oder neu implementiert werden müssen.[15] Folgende Abbildung zeigt solch eine Datenbankintegration:

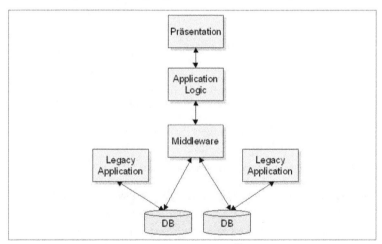

Abbildung 3: Integrationsmodell - Datenbankintegration[16]

---

[12] Unter Middleware wird eine systemnahe Software verstanden, die als zusätzliche Schicht zwischen Betriebssystem und Anwendungssoftware gelegt wird. Ihr Haupteinsatzgebiet sind heterogene Netze. Der Benutzer hantiert über eine Middleware mit einer einheitlichen Benutzeroberfläche. Vgl. Stahlknecht et al (2005), S. 75f.

[13] Datenbank-Konnektoren sind Technologien wie Java Database Connectivity (JDBC) oder auch Open Database Connectivity (ODBC).

[14] Vgl. Conrad et al (2006), S. 18.

[15] Vgl. O.V. (2008b).

[16] In Anlehnung an: Conrad et al (2006), S. 18.

5

Werden Altanwendungen[17] über eine Middleware integriert handelt sich um eine Integration auf der Anwendungsebene (Funktionsintegration). Erfolgt der Zugriff auf die Daten über definierte Schnittstellen, so werden häufig Technologien wie Remote Procedure Call[18] (RPC) oder Remote Method Invocation[19] (RMI) eingesetzt.[20] Dadurch wird vermieden, dass in verschiedenen Altanwendungen identische Funktionen implementiert werden müssen. Zudem werden so Schnittstellen zur Datenübergabe vermieden in den jeweiligen Altanwendungen vermieden. Zusätzlich bietet es die Möglichkeit durch Wiederverwendung und einen flexiblen Austausch der Anwendungsfunktionalitäten die Anwendungslogik optimierend zu beeinflussen. Die Funktionsintegration erlaubt die gemeinsame Nutzung von vorhandenen Funktionalitäten, inklusive der dazugehörenden Integritäts- und Plausibilitätsprüfungen. Diese können sowohl durch andere Systeme genutzt aber auch flexibel zusammengefügt werden. Damit erhöht dieses Integrationsmodell die Flexibilität und Effizienz des Informationssystems im Bezug auf Änderungen der Geschäftsprozesse. [21] Die Abbildung zeigt eine Anbindung von zwei Altanwendungen über eine Middleware:

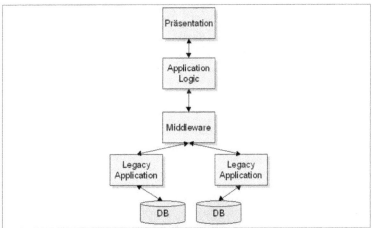

Abbildung 4: Integrationsmodell - Applikationsintegration[22]

---

[17] Altanwendungen werden häufig auch als sogenannte Legacy Systeme bezeichnet.
[18] RPC = Remote Procedure Call; dient zum Aufruf von entfernten Funktionen eines anderen Adressraumes.
[19] RMI = Remote Method Invocation; dient zum Aufruf entfernter Methoden eines anderen Adressraum.
[20] Vgl. Conrad et al (2006), S. 18.
[21] Vgl. O.V. (2008c).
[22] In Anlehnung an : Conrad et al (2006), S. 18.

Beim letzten Integrationsmodell der Präsentationsintegration werden die Informationssysteme mit einer gemeinsamen Präsentationsebene integriert. Sie beschäftigt sich hauptsächlich mit der visuellen Verknüpfung der einzelnen Funktionen. Hierbei wird ein spezieller Benutzerdialog simuliert, über den alle Funktionen abrufbar sind.[23] Die Präsentationsintegration wird besonders bei Anwendungen eingesetzt, die über keine geeigneten Schnittstellen für den Zugriff auf zentrale Daten oder Funktionen verfügen. Ein weiteres Einsatzgebiet sind schlecht dokumentierte Altanwendungen, die eine enorme interne Komplexität besitzen. Dadurch können diese Anwendungen häufig nur noch durch hoch spezialisierte Fachkräfte bedient werden. Eine Präsentationsintegration ist auf grund moderner und leistungsfähiger Entwicklungstools heutzutage relativ schnell und einfach durchzuführen. Jedoch gilt es die Performanz des Datenaustausches und die Sicherheit des Verfahrens jedes Mal auf Neue kritisch zu überprüfen. Aus diesem Grund bleibt die Präsentationsintegration eine Art Notlösung. Sie kann zwar schnell Resultate liefern, jedoch bietet sie keine tatsächliche Integration.[24] Die Abbildung zeigt eine solche Integration über eine eigene Präsentationsebene:

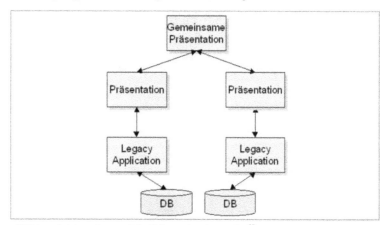

Abbildung 5: Integrationsmodell - Präsentationsintegration[25]

---

[23] Vgl. Conrad et al (2006), S. 18.
[24] Vgl. O.V. (2008a).
[25] In Anlehnung an: Conrad et al (2006), S. 19.

2.2. Vorteile

Der grundsätzliche Vorteil von EAI liegt in der Möglichkeit bereits existierende Applikationen zu benutzen und Prozesse zu rationalisieren. Dieser Nutzen kann zudem mit EAI recht schnell implementiert werden. Weitere Vorteile ergeben sich aus der Sicht des Anwenders und aus der technischen Sicht.

2.2.1. Vorteile für den Anwender

Die Vorteile für den Anwender lassen sich aus den Zielen von EAI, dem konsolidieren und koordinieren von unterschiedlichen Anwendungen ableiten:

Geringe Kosten	Geringere Kosten durch vermehrte Automation, weniger Fehler, verkürzte Bearbeitungszeiten, verbesserte Zusammenarbeit und flexiblere Prozesse.
Mehr Möglichkeiten	Die einfach einzurichtenden Verknüpfungen eröffnen neue und flexibel änderbare Nutzungsmöglichkeiten und Funktionalitäten.
Datenkonsistenz	Werden gleiche Daten redundant gespeichert entstehen Inkonsistenzen. Über EAI werden Daten ausgetauscht und gemeinsam benutzt (Datenintegration), was die Redundanzen reduziert.
Kopplung trotz heterogener Anwendungssysteme	EAI ermöglicht die Kopplung unterschiedlichster Softwaresysteme von verschiedenen Herstellern. Man ist nicht von einem Hersteller abhängig.
Vereinfachter Austausch einzelner Softwarekomponenten	EAI vereinfacht den Austausch einzelner Softwareprodukte, da die Kommunikation mit anderer Software über die zentrale EAI-Middleware abgewickelt wird und nur dort nur ein Adapter angepasst werden muss.
Integration statt Migration	EAI ermöglicht die fortgesetzte Benutzung und Einbindung von Altanwendungen, ohne dass aufwändige Re-Implementierungen notwendig werden.
Flexible und agile Geschäftsprozesse	EAI ermöglicht eine modulare Zusammenstellung der Geschäftsprozesse und -abläufe und vereinfacht so Änderungen. Das führt zu einer besserer Geschäftsprozessoptimierung und leistungsstarken Abläufen.

Tabelle 2: Vorteile von EAI aus Sicht des Anwenders[26]

---

[26] Vgl. Horn (2007).

2.2.2. Technische Vorteile

Die technischen Vorteile sind in Abgrenzung zu den Vorteilen aus Sicht des Anwenders eher abhängig vom gewählten Integrationsmodell. So können hier folgende Vorteile ausgemacht werden:

Verringerte Komplexität durch weniger Schnittstellen	Eine Integration über eine EAI-Lösung reduziert die Zahl der notwendigen Verbindungen auf die Menge der Altanwendungen. Dadurch reduziert sich ebenso der Erstellungs-, Administrations- und Wartungsaufwand.
Trennung von Geschäftslogik und Schnittstellenprogrammierung	Die Modellierung der Geschäftslogik ist unabhängig von der Programmierung der Schnittstellen.
Flexibilität, Wiederverwendbarkeit und Nutzung von Standards	Der modulare Aufbau und das standardisierte Vorgehen erlaubt ein agiles Handeln.
EAI als Ausgangsbasis für Portale	Unternehmensportale[27] sind einfacher einzurichten, wenn eine EAI-Infrastruktur vorliegt. Dabei ergeben sich Vorteile wie eine einheitliche Bedienung, Single-Sign-On sowie anwendungsübergreifende Suchfunktionen.
EAI als Ausgangsbasis für neue Technologien	Automatisierte unternehmensübergreifende Kommunikation mit Kunden und Lieferanten und die damit verbundenen integrierten Prozessketten setzen viele verschiedene Daten und Funktionen voraus. EAI kann diese durch die verschiedenen Integrationsmodelle erfüllen.

Tabelle 3: Technische Vorteile von EAI[28]

---

[27] Portale sind Webanwendungen, in der Inhalte, Dienste und Funktionen integriert werden. Portale werden per Webbrowser benutzt und benötigen keine Installation beim Anwender. Vgl. Horn (2007).
[28] Vgl. Horn (2007).

2.3. Risiken/Nachteile

Bei Realisierung von EAI sind grundsätzlich zwei Problemebereiche zu betrachten:

- die technische Realisierung der Integration und
- die organisatorische/soziale Integration.

Beide bereiche können dabei unternehmensintern sowie unternehmensübergreifend betrachtet werden.[29] Gerade die technischen Risiken sind eng mit den Grenzen von EAI verbunden und können wie folgt zusammengefasst werden:

Nachteile der Datenintegration	• Es ergeben sich semantische Probleme, wenn bei schreibenden Zugriffen auf die Daten eines Systems die in der Anwendungslogik hinterlegten semantischen Informationen ignoriert werden • Es ist keine Nutzung der Geschäftslogik einer Anwendung mehr möglich • Änderungen an den Datenstrukturen eines integrierten Systems führen zu Anpassungen an den Transformationen und dem globalen Datenmodell
Nachteile der Funktionsintegration	• Konzept ist sehr aufwändig zu realisieren, daher vergleichsweise hohes Risiko • Das unzureichende Schnittstellenangebot erfordert Anpassung der Anwendung • Konzept ist schwierig umzusetzen, wenn entsprechende Schnittstellen fehlen oder nicht dokumentiert sind
Nachteile der Präsentationsintegration	• Es ist keine Integration der zugrunde liegenden Daten und Funktionen möglich • Konzept führt zu schlechte Performanz und Skalierbarkeit • Konzept bringt geringe Flexibilität und Wiederverwendbarkeit mit sich
Fehlender ganzheitlicher Ansatz	Bei der EAI-Integration kann der fehlende ganzheitlicher Architekturansatz in Unternehmen in Zusammenhang mit einer strategischen Systemlandschaft bemängelt werden.

Tabelle 4: Nachteile und Risiken von EAI[30]

---

[29] Vgl. Conrad et al (2006), S. 5.
[30] Vgl. O.V. (2007).

3. Ausblick

Durch den zunehmenden Einsatz von verteilten Informations- und Kommunikationssystemen in Unternehmen entstehen starke Abhängigkeiten der unternehmenskritischen Informationen. Aspekte wie die Verfügbarkeit, Zuverlässigkeit, Fehlertoleranz, Vertraulichkeit und Sicherheit sind stetig zu gewährleisten. Der erfolgreiche Einsatz von EAI hängt so im großen Maße von den Anwendern ab. Diese geben dem System das nötige Vertrauen.

Trotz aller Risiken und Nachteile oder wegen der durchaus attraktiven Vorteile wächst der Markt für EAI-Lösungen weiter. Ein Grund dafür dürfte die Ausweitung und damit verbundenen Konsequenzen des Internets in die Unternehmen sein. Doch das alleine ist noch keine ausreichende Erklärung für den stetigen Wachstum von EAI. Ein weiterer Trend auf dem Markt hat dagegen nur sekundär etwas mit dem Internet zu tun. Die sogenannten ERP-Systeme[31] sind große Softwarepakete, die von den meisten größeren Unternehmen heute für sekundäre Geschäftsprozesse wie Rechnungswesen, Materialwirtschaft und vieles mehr eingesetzt werden. In der Regel sind diese Systeme mit weiteren wettbewerbskritischen Anwendungen innerhalb des Unternehmens verbunden und integriert. Für diese Integration kommen wiederum EAI-Lösungen zum Einsatz.[32]

---

[31] Enterprise-Ressource-Planning (ERP)-Systeme unterstützen sowohl operative Systeme (Abrechnung, Verwaltung, Disposition) also auch Führungssysteme (Planung, Kontrolle). Sie sind in der Regel modular aufgebaut. Alle Module basieren auf einer einheitlichen Datenbank. Vgl. Stahlknecht et al (2005), S. 326f.
[32] Vgl. Keller (2002), S. 13ff.

Literaturverzeichnis

Das Literaturverzeichnis ist alphabetisch sortiert und innerhalb der alphabetischen Ordnung chronologisch angelegt. Für den Kurzbeleg in den Fußnoten besteht hier keine Gruppierung nach bestimmten Quellentypen.

Conrad et al 2006

Conrad S., Hasselbring W., Koschel A., et al (2006): Enterprise Application Integration: Grundlagen – Konzepte – Entwurfsmuster – Praxisbeispiele, Heidelberg 2006

Gimpeliovskaja 2005

Gimpeliovskaja I. (2005): Unternehmensintegration mit ERP und EAI, Studienarbeit, Freie Universität Berlin, 2005

Horn 2007

Horn T. (2007): EAI Enterprise Application Integration, URL: http://www.torsten-horn.de/techdocs/eai.htm, Abruf am 21.08.2008

Keller 2002

Keller W. (2002): Enterprise Application Integration - Erfahrungen aus der Praxis, Heidelberg 2002

O.V. 2007

O.V. (2007): Enterprise ApplicationIntegration: 1. Grundlagen, Konzepte und Architekturen, URL: http://www-wi.uni-muenster.de/pi/lehre/ss07/eai/folien /EAIgrundlagen.pdf, Vorlesungsunterlagen der Westfälischen Wilhelms-Universität Münster, Abruf vom 21.08.2008

O.V. 2008a

O.V. (o.J.): Präsentationsintegration, URL: http://www.pri.univie.ac.at/topics/ EAI/index.php?m=D&t=eai&c=show&CEWebS_what=Pr~228~sentationsinteg ration, Abruf am 21.08.2008

O.V. 2008b

O.V. (o.J.): Datenintegration, URL: http://www.pri.univie.ac.at/topics/EAI /index.php?m=D&t=eai&c=show&CEWebS_what=Datenintegration, Abruf am 21.08.2008

O.V. 2008c

Funktionsintegration, URL: http://www.pri.univie.ac.at/topics/EAI /index.php?m=D&t=eai&c=show&CEWebS_what=Funktionsintegration, Abruf am 21.08.2008

Stahlknecht et al 2005

Stahlknecht P., Hasenkamp U. (2005): Einführung in die Wirtschaftsinformatik, 11. Auflage, Berlin 2005